AF252720

N - D

DES

VERNETTES

À

PEISEY

SAVOIE

Autog. Cremey

1875

9.

Oraison
à la récitation de laquelle
M\gr TURINAZ J.F.M. accorda 40 j.
d'indulgence le 11 xbre 1840.

Permettez, nous vous supplions
Seigneur J-C. que la S\te Vierge MARIE
Votre très pieuse Mère dont l'ame très
Sacrée a été percée d'un glaive de dou-
leur à l'heure de votre douloureuse passion,
et dont le cœur a été rempli d'une joie
extrême, par votre très glorieuse résurrec-
-tion, Permettez qu'elle intercède pour
nous auprès de votre clémence, à
présent et à l'heure de notre mort:
O Dieu qui vivez et regnez avec Dieu
le père, dans l'unité du S\t Esprit
Dans les siècles des siècles. Ainsi soit-il.

Des Fleuves de Vie couleront de son sein.
St Jean : vii s.

Le pèlerinage diocésain du 16 Juillet au Sanctuaire de N.D. de Pitié, dit des Vernettes, encourage un ancien Vicaire de Peisey, d'autographier cette courte notice

Sa reconnaissance envers N.D. sa bienfaitrice, répond au désir public de connaitre les bienfaits de cette mère compatissante envers les pèlerins de son Sanctuaire de Peisey, le plus célèbre de la Tarentaise, après celui de N.D. de la Vie.

A cinq kilometres de l'Eglise parois- -siale, sur un plateau large (1) mais elevé (1900) et à pelouse toujours verte, l'on trouve une Eglise assez spacieuse, et une Cure pour abriter les pèlerins..
(1) Plan des Chailles

4

A cinq minutes au levant de l'église
est situé, dans le ravin des Vernettes,
le petit Sanctuaire, près de la Bonne
Fontaine, et vers laquelle vous guide
l'oratoire, visible de la Cure.

De temps immémorial les pieux
Bergers avaient rendez-vous à la
dite fontaine, auprès de laquelle fut
d'abord placée une statue de N.D. de
Pitié, dont l'eau miraculeuse, sym-
-bolise à la fois les faveurs et les pleurs.
La tradition leur avait appris que MA-
-RIE y manifestait sa puissance, et sa
tendresse.

Des documents authentiques cons-
tatent qu'à la fin du XVII siècle un
grand concours de pèlerins avait
lieu vers cette fontaine où s'opéraient
des guérisons merveilleuses.

Jean Baudin paraît être
le 1er miraculé qui tenta d'ériger
là, un oratoire, en reconnaissance de sa
guérison de la lèpre

A la demande des pèlerins qui lui firent des dons, Baudin tenta d'agrandir son oratoire, pour la célébration des Sts Mystères.

La commune sur le terrein de laquelle il bâtissait, et R^d Marion, Curé et natif de Peisey, exigèrent l'autorisation de l'Archévêque, et Comte de Tarentaise. Elle fut concédée le 3 novembre 1702, avec une indulgence de 30 jours, pour chaque pèlerin récitant dévôtement, un Pater et un Ave devant la statue, de N. D. de Pitié.

Mg^r J. F. M. TURINAZ accorda en 184 . 40 Jours d'indulgence, à la prière qui accompagne la gravure lithographié à Turin; soit à la traduction de l'oraison de l'ancien missel de Tarentaise.

voir p. 2

6

La Commune qui s'était d'abord opposée, fit ensuite instance pour transférer le Sanctuaire au plan des Chailles, à cause du danger couru dans ce ravin, par la Chapelle et les pèlerins.

En suite d'une seconde instance, Rome obligea (le 10 juillet 1717) Rd F. Gevry Vic. Gén. Capitulaire à se trans-porter, sans délai, sur les lieux. Son rap-port fut favorable au déplacement et à l'agrandissement du Sanctuaire.

Le 24 Xbre et les 2 jours suivants l'Official procéda à l'audition de 15 té-moins assermentés qui furent entendus isolément sur les miracles opérés aux Ver-nettes. Au nombre des miraculés figu-rent des habitants de St Julien de Chamonix, de Faucigny, de Sallanches, de Tignes, d'Aime, de Beaulieu, dioc. de Verdun, de St Pierre d'Albigny, d'Hauteville-Gondon, et de Landry. Ainsi la réputation du Sanctuaire s'étendait au loin, hors de la Savoie. (1) Récemment,

Parmi les guérisons, figurent relatées celles de diverses maladies déclarées incurables, par les médecins.

Les malades tout-à-fait impotents, envoyaient quérir de cette eau miraculeuse, comme aujourd'hui à la Salette et ailleurs, dans les nouvelles Siloé.

Ainsi Jean MARTIN RICHERMOZ marchand d'Auxbourg (ALLEMAGNE) envoyait à Poisey un ex voto, en 1724, pour témoigner sa reconnaissance de sa guérison opérée par l'eau des vernettes transportée. Il l'accompagna de dons et de fondation(1)

L'ÉCHO-des Alpes du 20 juillet 1873, fait observer que les traditions populaires et des faits récents attestent la vertu surnaturelle que Dieu a quelquefois donnée à l'eau des vernettes.

Les bienfaits spirituels et temporels de N-D des vernettes, sont dans toutes les bouches. Chaque paroisse de nos hautes vallées a ses miracles à raconter. La présente notice est une action de grâce.

(1) voir la litographie ci jointe

8

Les deux Sanctuaires possèdent des
ex-votos assez nombreux, postérieurs à la
révolution pour la plupart. L'Église même
deux autels <u>Ex voto</u>, qui ont échappés à l'auto-
da-fé des Communards de 1793. Par une protection particulière, le temple S^t ne fut pas
profané.

Ici les vœux font choir la barrière invincible,
Qui rend l'œil inutile, une oreille insensible,
La langue du muet trouve sa liberté,
Et les pieds et les mains ont leur activité.
Tel infirme traînait des membres inutiles,
Que des vœux à Marie ont rendus plus dociles.
Un père moribond aux suprêmes sueurs
A ses fils éplorés, court, dit: séchez vos pleurs.
L'incendie soudain, dans sa fureur s'arrête;
La balle en son chemin sitôt fait en retraite.
Cette mère n'a plus pour son fils de frayeur,
Son nouveau Benjamin, repose sur son cœur.
.... Vois la source Vernette où jaillit l'onde claire
Pure constante, égale et vraiment salutaire.
L'Étranger la fréquente. On voit chaque saison

De nombreux pèlerins, plus d'une guérison
Pour les grands, les petits, ce filet d'eau s'écoule,
Tour-à-tour chacun puise. En coudoyant la foule
Qui se pousse et se presse à l'abord de ces eaux,
Dont la vertu Divine a guéri mille maux.

Celui qui s'incline pour boire à cette
fontaine, s'en laver la face ou les mains,
parce qu'elle a été consacrée à la nièce de Dieu
et bénie par elle, accomplit un acte de foi
dont la simplicité relève le mérite.
Pourquoi serions nous surpris que le Ciel
se plaise à récompenser cet acte. Le monde,
sans doute, ne comprend rien à ces choses
surnaturelles, mais les jugements du monde,
et le respect humain, sont réprouvés par
l'Évangile. Ce n'est pas pour lui que cette
notice s'écrit, mais pour le peuple de foi
qui honore Marie, et lui prouve son
amour, par l'imitation de ses vertus, par
l'amour de son culte, et la visite pieuse de
ses temples. La foi pratique est la mère
des miracles.

10.

La tradition de Peisey et de tout le
Canton apprend au pélerin le transport
multiple et miraculeux de la premiere statue.
A entendre les colons de la vallée, soit leur
tradition vivace on croirait l'évènement
récent : cependant je n'ai rencontré aucun
manuscrit qui en fisse mention. Je sais
seulement qu'au 25 juin 1761 les Procureurs
de la Chapelle firent reproduire la statue
miraculeuse environnée de 6 anges.

La nouvelle image fut placée au maître
-autel de l'Église achevée vers 1739 et
bénite en 1742.

Un avalanche (1759) ayant ruiné
l'ancien sanctuaire l'abandon en fut
projeté ; mais la vierge fidèle aurait
plaidé la cause de sa chapelle primitive
voisine de la fontaine, par ce transfert
triple, dit-on et miraculeux.

1500 images de N.D de
pitié ou des Vernettes auraient été
gravées en Allemagne vers 1724 par

Georges Richermoz fils de Martin, mais, comme la litographie de Courtois et aubert à Chambéry, le Dessein représente à l'Ost la tête du Christ reposant sur le bras gauche.

La litographie de Turin, moindre que les premières, fait avec raison reposer à droite.

Le petit abrégé qui encadre l'image, fait mémoire d'un indulgence de 40 J. accordée par Mgr Turinaz en faveur de ceux qui réciteraient dévotément l'oraison de l'ancien missel de Tarentaise, en l'honneur de N.D. de Pitié. (voir à la fin page 2).

L'archevêque de Tarentaise, Millet de Challes avait réglé le 3 9bre 1702, que le Curé de Peisey célèbrerait annuellement une messe aux quatre temps de l'année, pour mettre le clergé et le Diocèse sous la protection de la mère des Douleurs.

Cette charge est rappelée dans un règlement confirmé par Mgr Rolland et dans une visite pastorale de Mgr de St Agnès, du 26 avril 1777.

2
____

Le St Siège ayant approuvé l'érection d'une chapellenie et d'un hôpital aux Vernettes, le 22 avril 1719; Rd Crésal Jean Martin économe de Laval sur Tignes, en fut nommé recteur le 19 juin , même année, par Baudin Claude, fils de Jean le fondateur de l'oratoire.

La Présence d'un recteur aux Vernettes favorisa le pélerinage qui alla crescendo jusqu'en 1793, d'après les Comptes des Procureurs. Voici la liste des successeurs de Crésal,

2. Rd. Chenal de Granier. 1724 à 1745.
3. Rd. TREISSARD. de Montgirod ? 1745-47.
4. Rd. Guérin ...
5. Rd. REY Jean Jacques de Peisey, Vicaire de Montvalezan sur Bellentre de 1765 à 1772. A cette époque la Cure s'est bâtie.
6. Rd. Bourgeois du Bourg de 1773 à 1776
7. Rd. Borrel de St Martin de Belleville de 1776 à 1784.
8. Rd. Rullier Jean, (neveu je crois du Prieur de Bellentre), de 1784 à 1786. Il avait remplacé momentanément Bourgeois ..
9. Rd. Humbert Fr. de Montvalezan sur Bellentre

Ce dernier fut exilé en Piémont en 1793.

Après la Révolution, les Curés de Peisey furent les recteurs de N. D., Dont l'administration est confiée par les héritiers des acquéreurs de biens nationaux, à des procureurs spéciaux, déchargés de tout rendement de compte, dit-on.

On peut dire de ce temple que c'est l'adversité qui l'a grandit. Garçon fois bun des Procureurs, fut obligé le 30 juin 1719, de présenter un placet au Roi Victor Amédée II. Le bienfaiteur de la Superga agréa sa demande, et l'architecte des Vernettes alla s'inspirer du plan de N. D. de la Vie. Sanctuaire commencé vers 1679. Celui des Vernettes à le même style en effet, dans une proportion moindre, mais avec la cure en plus, et (deux édifices)

C'est une croix latine ou un trèfle à 4 feuilles ayant de plus une galerie ou tribune, et un Dôme peint. (voir la gravure.)

Cette église spacieuse pour ces hauteurs est un de nos plus élégants chefs

14.

— d'œuvre d'architecture grecque..

De temps immémorial le peuple se rendait aux Vernettes, aux premiers jours d'Août, soit au 1er dimanche du mois; mais cette fête avait le double inconvénient de se rencontrer avec une fête de dévotion de la Paroisse en l'honneur de S. Loup, et d'attirer en foule les ouvriers de la mine de plomb argentifère exploitée par des étrangers.

Une requête fut donc présentée le 24 mai 1773 à l'archevêque de St Agnès pour que la solemnité fut fixée au XVI juillet, dans l'espoir que la fête tombant un jour ouvrable, la solemnité ne serait plus troublée par les ouvriers.

L'archevêque agréa le projet, et fixa la fête au XVI juillet. c'est ce qui a fait croire à plusieurs qu'on honorait N.D. du Carmel aux Vernettes, et non pas N.D. des 7 douleurs.

Cette fête se célébrait encore solemnellet le 16 juillet 1792, et l'on rapporte que les

serviteurs de Marie s'y comptèrent par
milliers, comme pressentant l'orage, qui
devait hélas les empêcher de s'y réunir
l'année suivante. Mais le bien n'est
jamais mieux prisé que lorsqu'il est
défendu d'en jouir.

Le pèlerinage actuel ne fait que
renouer la chaîne de ceux accomplis au
siècle dernier, et au commencement de
celui-ci.

Avant la révolution, d'après les comptes
des Procureurs, on célébrait aux Vernettes plus
de 500 messes dans la belle saison.

Les Chapelles ont demandé syndics et conseillers
en tête, la permission d'y aller, le 4 juin 1757.
Landry obtint d'y aller le 13 mai 1771
Les Vieillards des paroisses d'Aime, Bellentre,
Bourg S. Maurice, de Montvalezan, affirmant
s'y être rencontrés l'année de la misère.
La paroisse de Peisey y va chaque année en
procession le lundi de la Pentecôte.
Les enfants de la 1re Communion y vont.

Le lendemain du 1er banquet eucharistique
en faire un second.

Les époux y vont le jour de la noce ou
le lendemain.

Le pèlerinage y est hebdomadaire le jeudi
Dans la belle saison... et de nombreuses
communions ont lieu.

Ce sanctuaire devint le refuge des
Missionnaires pendant la terreur.
Une pépinière sacerdotale s'y forma. Une
régence s'y était organisée en 1772 déja.

Dans le diocèse de Tarentaise qui fournit
un prêtre par 300 âmes Peisey figure
aux premiers rangs soit un sur 88

C'est ton obole, o pèlerin qui a bâti
et qui entretient ces deux temples si
rapprochés. Ce sont les soins des ...
qui les conservent, le zèle des Curés de
Peisey et des prêtres de la paroisse qui
l'embellit, les pèlerins du 16 juillet
l'entourant de gloire et contemplent le
souvenirs ineffaçables. A chacun ta récompense

Autog. Tremey ... reproduction interdite.)

Eglise des N.D. des
7 VERNETTES à Peisey (Savoie)
Souvenir du 16 Juillet 1874.
Autographie privée - TREMEY - ancien vicaire de
AIME 1874.
Reproduction interdite
Petit Sanctuaire
des Vernettes